Lenormand Tarot

Journal und Malbuch

INHALTSVERZEICHNIS

1. REITER

STICHWORTE

- -
- -
- -
- -
- -

BILDER/SYMBOLE

QUALITÄT

SCHATTEN

DEUTUNG

UMKEHRUNG

ANMERKUNGEN

Rider
9

2. KLEE

STICHWORTE

-
-
-
-
-
-
-
-
-
-

BILDER/SYMBOLE

QUALITÄT

SCHATTEN

DEUTUNG

UMKEHRUNG

ANMERKUNGEN

Clover
ENGLAND
SIBERIA
EUROPA
ASIA
AFRICA
AMERICA
NEW LAND
6

3. SCHIFF

STICHWORTE

-
-
-
-
-
-
-
-
-
-

BILDER/SYMBOLE

QUALITÄT

SCHATTEN

DEUTUNG

UMKEHRUNG

ANMERKUNGEN

Ship
10

4. HAUS

STICHWORTE

- -
- -
- -
- -
- -

BILDER/SYMBOLE

QUALITÄT

SCHATTEN

DEUTUNG

UMKEHRUNG

ANMERKUNGEN

House
K♥

5. BAUM

STICHWORTE

-
-
-
-
-
-
-
-
-
-

BILDER/SYMBOLE

QUALITÄT

SCHATTEN

DEUTUNG

UMKEHRUNG

ANMERKUNGEN

Tree
7

6. WOLKEN

STICHWORTE

-
-
-
-
-
-
-
-
-
-

BILDER/SYMBOLE

QUALITÄT

SCHATTEN

DEUTUNG

UMKEHRUNG

ANMERKUNGEN

Clouds
K

7. SCHLANGE

STICHWORTE

-
-
-
-
-
-
-
-
-
-

BILDER/SYMBOLE

QUALITÄT

SCHATTEN

DEUTUNG

UMKEHRUNG

ANMERKUNGEN

Snake
Q♣

8. SARG

STICHWORTE

-
-
-
-
-
-
-
-
-
-

BILDER/SYMBOLE

QUALITÄT

SCHATTEN

DEUTUNG

UMKEHRUNG

ANMERKUNGEN

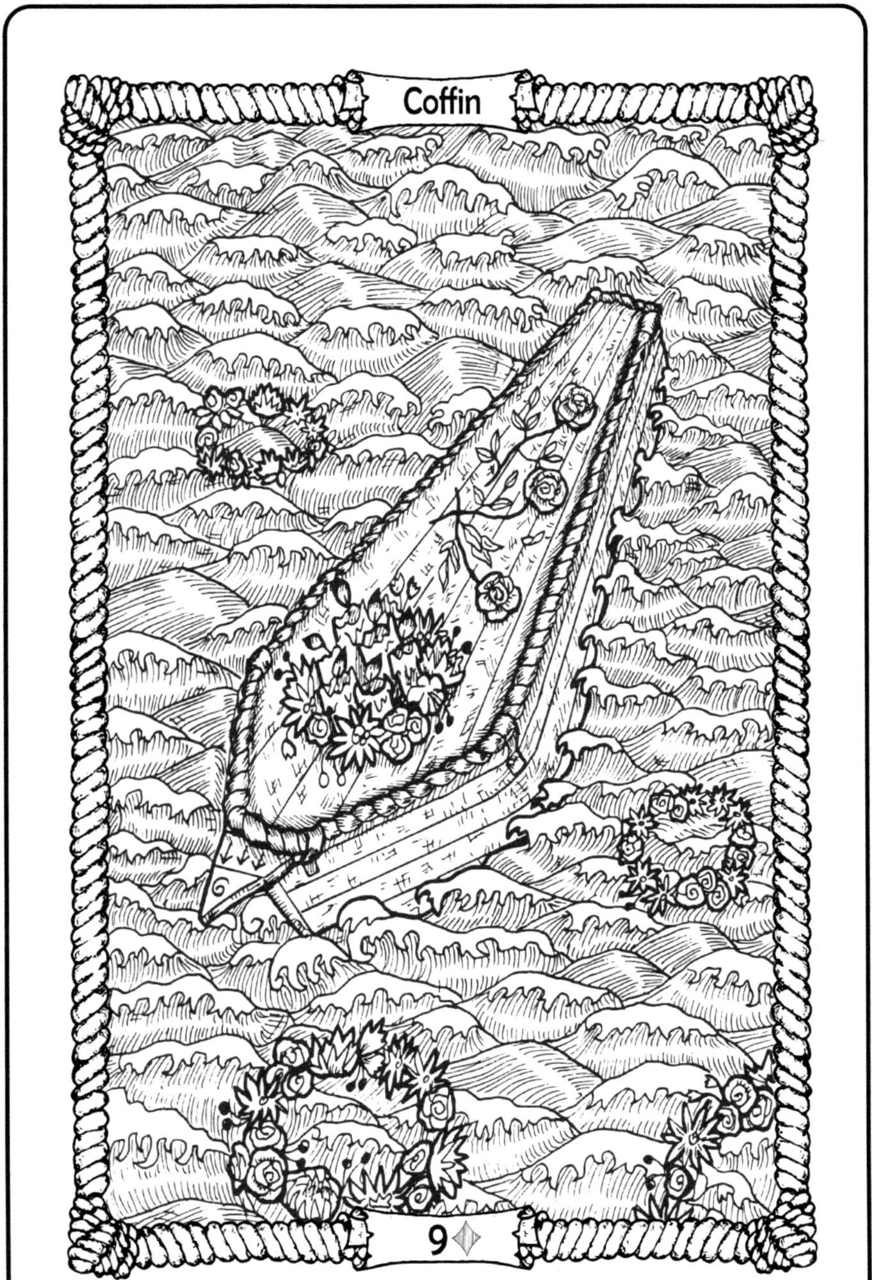
Coffin
9

9. BLUMENSTRAUSS

STICHWORTE

-
-
-
-
-
-
-
-
-
-

BILDER/SYMBOLE

QUALITÄT

SCHATTEN

DEUTUNG

UMKEHRUNG

ANMERKUNGEN

Bouquet
Q♠

10. SENSE

STICHWORTE

- -
- -
- -
- -
- -

BILDER/SYMBOLE

QUALITÄT

SCHATTEN

DEUTUNG

UMKEHRUNG

ANMERKUNGEN

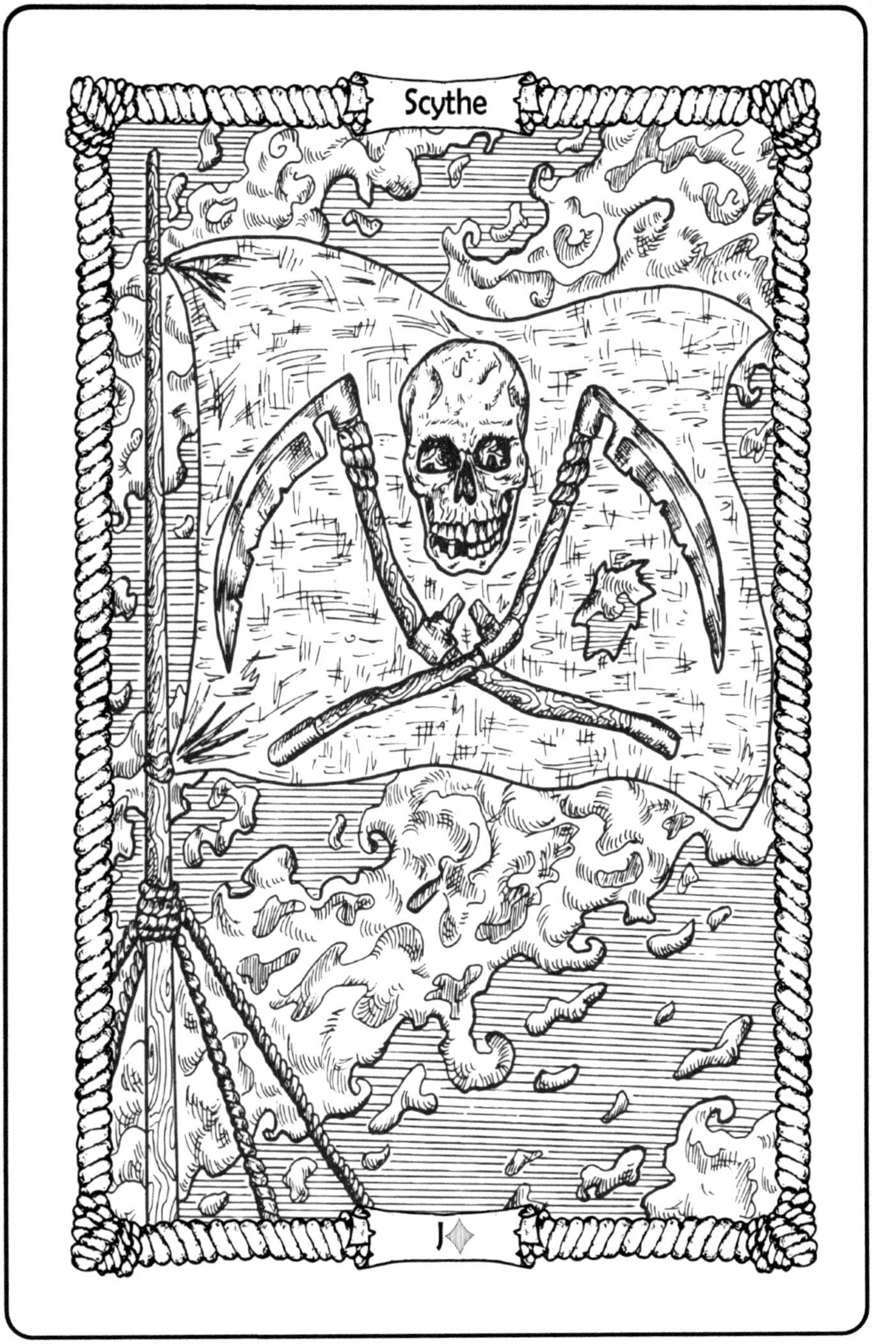
Scythe
J

11. PEITSCHE / RUTE

STICHWORTE

- -
- -
- -
- -
- -

BILDER/SYMBOLE

QUALITÄT

SCHATTEN

DEUTUNG

UMKEHRUNG

ANMERKUNGEN

Whip
J♣

12. VÖGEL / PIROLE

STICHWORTE

-
-
-
-
-
-
-
-
-
-

BILDER/SYMBOLE

QUALITÄT

SCHATTEN

DEUTUNG

UMKEHRUNG

ANMERKUNGEN

Birds
7

13. KIND

STICHWORTE

- -
- -
- -
- -
- -

BILDER/SYMBOLE

QUALITÄT

SCHATTEN

DEUTUNG

UMKEHRUNG

ANMERKUNGEN

Child
J♠

14. FUCHS

STICHWORTE

- -
- -
- -
- -
- -

BILDER/SYMBOLE

QUALITÄT

SCHATTEN

DEUTUNG

UMKEHRUNG

ANMERKUNGEN

Fox
9♣

15. BÄR

STICHWORTE

-
-
-
-
-
-
-
-
-
-

BILDER/SYMBOLE

QUALITÄT

SCHATTEN

DEUTUNG

UMKEHRUNG

ANMERKUNGEN

Bear
10♣

16. STERNE

STICHWORTE

- -
- -
- -
- -
- -

BILDER/SYMBOLE

QUALITÄT

SCHATTEN

DEUTUNG

UMKEHRUNG

ANMERKUNGEN

Stars
6♥

17. STORCH

STICHWORTE

-
-
-
-
-
-
-
-
-
-

BILDER/SYMBOLE

QUALITÄT

SCHATTEN

DEUTUNG

UMKEHRUNG

ANMERKUNGEN

Stork
Q♥

18. HUND

STICHWORTE

-
-
-
-
-
-
-
-
-
-

BILDER/SYMBOLE

QUALITÄT

SCHATTEN

DEUTUNG

UMKEHRUNG

ANMERKUNGEN

Dog
10

19. TURM

STICHWORTE

-
-
-
-
-
-
-
-
-
-

BILDER/SYMBOLE

QUALITÄT

SCHATTEN

DEUTUNG

UMKEHRUNG

ANMERKUNGEN

Tower
6

20. GARTEN / PARK

STICHWORTE

-
-
-
-
-
-
-
-
-
-

BILDER/SYMBOLE

QUALITÄT

SCHATTEN

DEUTUNG

UMKEHRUNG

ANMERKUNGEN

Garden
8

21. BERG

STICHWORTE

-
-
-
-
-
-
-
-
-
-

BILDER/SYMBOLE

QUALITÄT

SCHATTEN

DEUTUNG

UMKEHRUNG

ANMERKUNGEN

Mountain
8♣

22. WEG

STICHWORTE

- -
- -
- -
- -
- -

BILDER/SYMBOLE

QUALITÄT

SCHATTEN

DEUTUNG

UMKEHRUNG

ANMERKUNGEN

Crossroad
Q

23. MÄUSE / RATTEN

STICHWORTE

- -
- -
- -
- -
- -

BILDER/SYMBOLE

QUALITÄT

SCHATTEN

DEUTUNG

UMKEHRUNG

ANMERKUNGEN

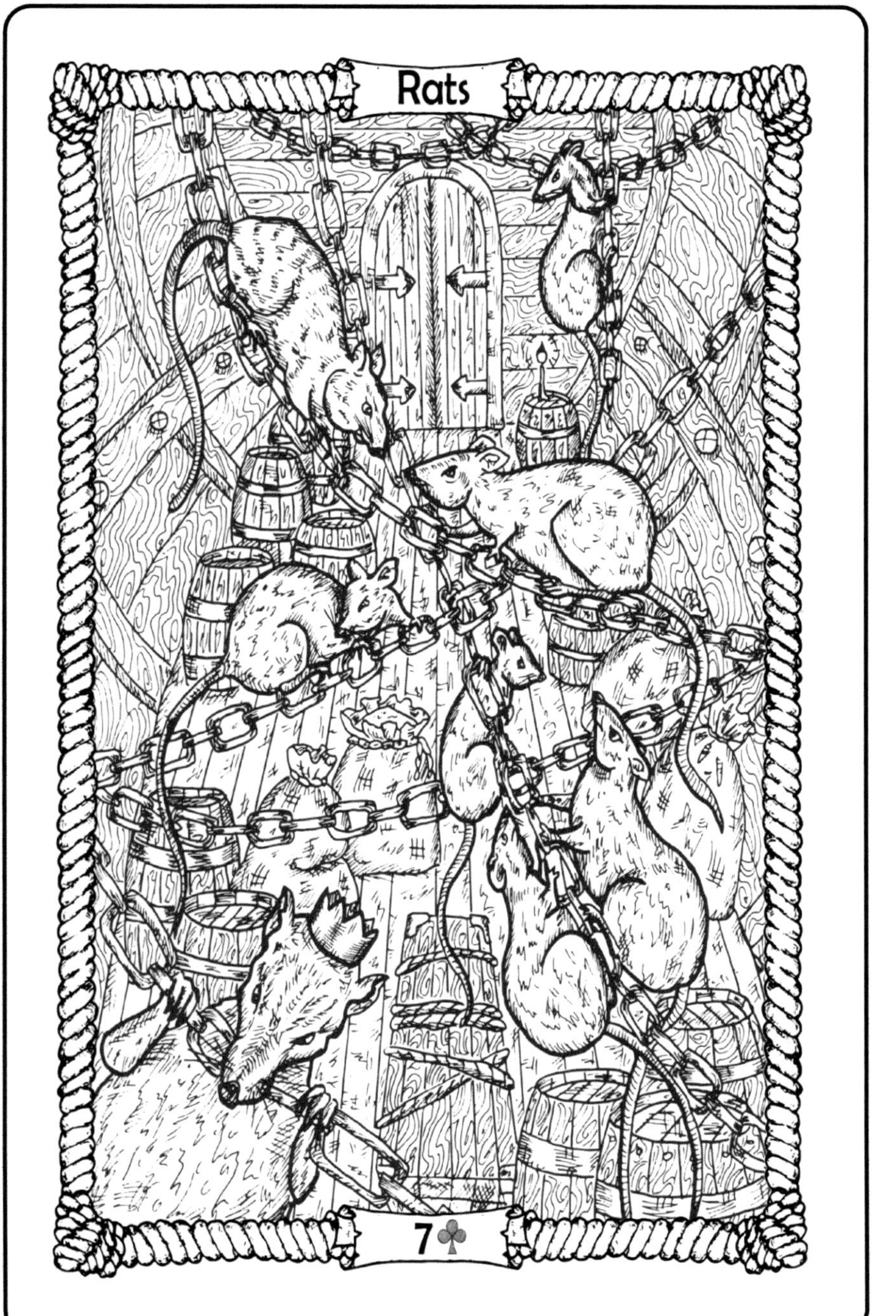
Rats
7♣

24. HERZ

STICHWORTE

- -
- -
- -
- -
- -

BILDER/SYMBOLE

QUALITÄT

SCHATTEN

DEUTUNG

UMKEHRUNG

ANMERKUNGEN

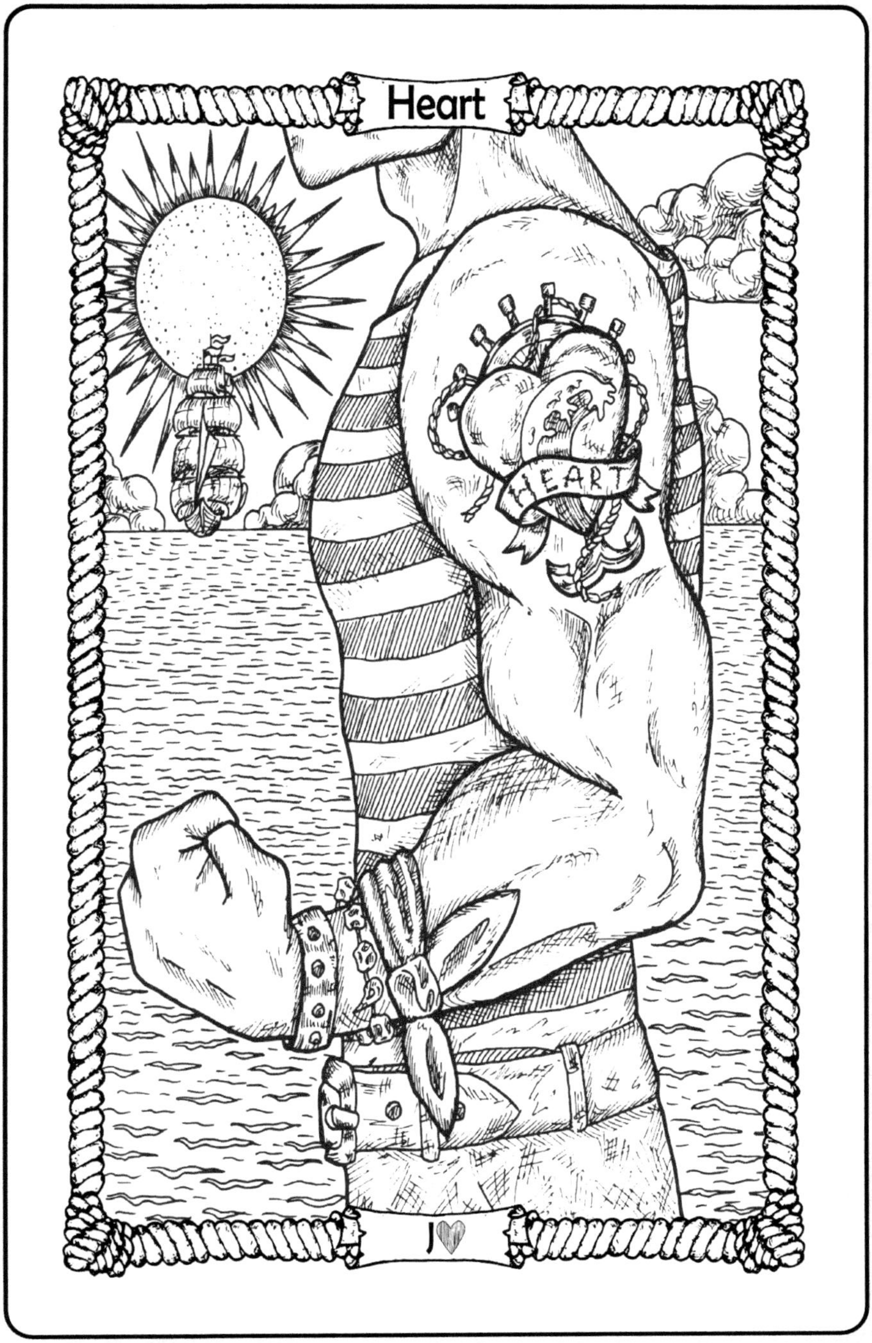
Heart
HEART
J♥

25. RING

STICHWORTE

- -
- -
- -
- -
- -

BILDER/SYMBOLE

QUALITÄT

SCHATTEN

DEUTUNG

UMKEHRUNG

ANMERKUNGEN

Ring
A♣

26. BUCH

STICHWORTE

-
-
-
-
-
-
-
-
-
-

BILDER/SYMBOLE

QUALITÄT

SCHATTEN

DEUTUNG

UMKEHRUNG

ANMERKUNGEN

Book
10

27. BRIEF

STICHWORTE

-
-
-
-
-
-
-
-
-
-

BILDER/SYMBOLE

QUALITÄT

SCHATTEN

DEUTUNG

UMKEHRUNG

ANMERKUNGEN

Letter
7♠

28. HERR

STICHWORTE

- -
- -
- -
- -
- -

BILDER/SYMBOLE

QUALITÄT

SCHATTEN

DEUTUNG

UMKEHRUNG

ANMERKUNGEN

Man
A♥

29. DAME

STICHWORTE

- -
- -
- -
- -
- -

BILDER/SYMBOLE

QUALITÄT

SCHATTEN

DEUTUNG

UMKEHRUNG

ANMERKUNGEN

Woman
N
W
E
S
A

30. LILIE

STICHWORTE

-
-
-
-
-
-
-
-
-
-

BILDER/SYMBOLE

QUALITÄT

SCHATTEN

DEUTUNG

UMKEHRUNG

ANMERKUNGEN

Lily
K♠

31. SONNE

STICHWORTE

-
-
-
-
-
-
-
-
-
-

BILDER/SYMBOLE

QUALITÄT

SCHATTEN

DEUTUNG

UMKEHRUNG

ANMERKUNGEN

Sun
A

32. MOND

STICHWORTE

- -
- -
- -
- -
- -

BILDER/SYMBOLE

QUALITÄT

SCHATTEN

DEUTUNG

UMKEHRUNG

ANMERKUNGEN

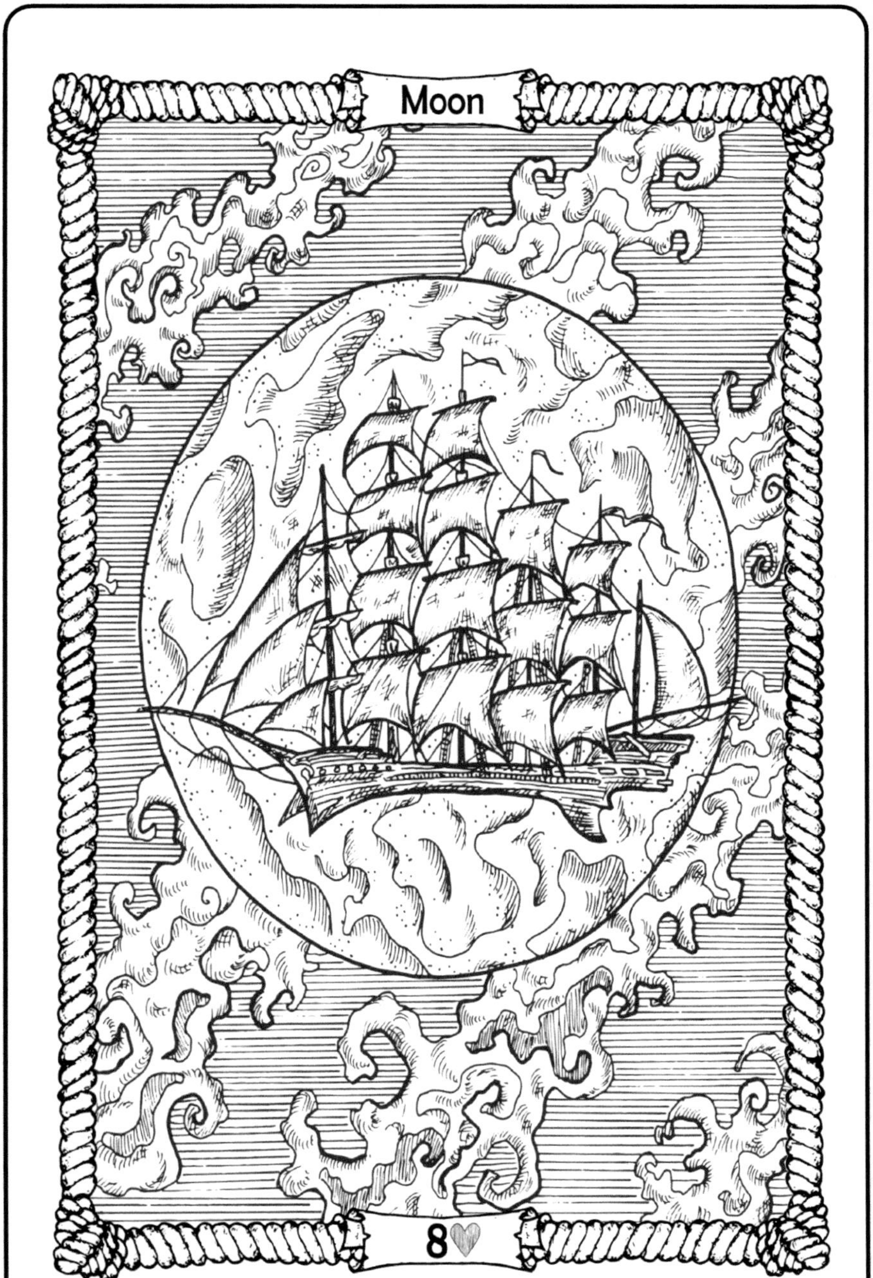
Moon
8♥

33. SCHLÜSSEL

STICHWORTE

- -
- -
- -
- -
- -

BILDER/SYMBOLE

QUALITÄT

SCHATTEN

DEUTUNG

UMKEHRUNG

ANMERKUNGEN

Key
8

34. FISCHE

STICHWORTE

- -
- -
- -
- -
- -

BILDER/SYMBOLE

QUALITÄT

SCHATTEN

DEUTUNG

UMKEHRUNG

ANMERKUNGEN

Fish
K

35. ANKER

STICHWORTE

- -
- -
- -
- -
- -

BILDER/SYMBOLE

QUALITÄT

SCHATTEN

DEUTUNG

UMKEHRUNG

ANMERKUNGEN

Anchor
9♠

36. KREUZ

STICHWORTE

- -
- -
- -
- -
- -

BILDER/SYMBOLE

QUALITÄT

SCHATTEN

DEUTUNG

UMKEHRUNG

ANMERKUNGEN

Cross
6♣

Printed in France by Amazon
Brétigny-sur-Orge, FR

19047922R00047